También de Lin-Manuel Miranda

Hamilton: The Revolution (con Jeremy McCarter)

También de Jonny Sun

everyone's a aliebn when ur a aliebn too: a book

¡BUEN DÍA, BUENAS NOCHES!

¡BUEN DÍA, BUENAS NOCHES!

palabras de ánimo para mí y para ti

LIN-MANUEL MIRANDA

ilustraciones de JONNY SUN

TRADUCCIÓN DE RICARDO HORNOS

VINTAGE ESPAÑOL

UNA DIVISIÓN DE PENGUIN RANDOM HOUSE LLC

NUEVA YORK

PRIMERA EDICIÓN VINTAGE ESPAÑOL, DICIEMBRE 2018

Copyright de la traducción © 2018 por Ricardo Hornos

Todos los derechos reservados. Publicado en los Estados Unidos
de América por Vintage Español, una división de Penguin Random House
LLC, Nueva York, y distribuido en Canadá por Random House of Canada,
una división de Penguin Random House Limited, Toronto. Originalmente
publicado en inglés en los Estados Unidos como *Gmorning, Gnight!
Little Pep Talks for Me & You* por Random House, una división
de Penguin Random House LLC, Nueva York. Copyright © 2018
por Lin-Manuel Miranda.

Vintage es una marca registrada y Vintage Español
y su colofón son marcas de Penguin Random House LLC.

Información de catalogación de publicaciones disponible en la Biblioteca
del Congreso de los Estados Unidos.

Vintage Español ISBN: 978-0-525-56687-8

Para venta exclusiva en EE.UU., Canadá, Puerto Rico y Filipinas.

www.vintageespanol.com

Impreso en los Estados Unidos de América
10 9 8 7 6 5 4 3 2 1

Para ustedes, que sostienen este libro entre sus manos

introducción

Quería desearte buenos días.
Quería desearte buenas noches.
Comencé a escribir esto en Twitter,
Como una forma de cortesía.

Enganchado estoy a Twitter,
¡Deberían quitarme el celular!
¿La mayor tentación para alguien como yo?
Tener una audiencia al alcance del pulgar.

Así que comienzo el día con un saludo
Y lo termino con nocturna variación.
Para proteger mis noches y el fin de semana,
Me desconecto: una mini vacación.

A veces los saludos son flirteos,
Descarados, o extrañamente específicos.
Surgen de mi mente, mi vida, mis pensamientos.
Soy un tuitero tremendamente prolífico.

No tengo un libro de frases hechas
Ni sabiduría de biblioteca:
Por lo general lo que te envío
Es lo que me deseo a mí mismo.

Si escribo "relájate", estoy nervioso,
Y si escribo "anímate", apenado.
Escribo lo que desearía que alguien me dijera
Y después cambio a "tú" el enunciado.

Tras varios años, estos saludos
comenzaron a cambiar de tono.
La gente decía: "Lin, tus buenos días y buenas noches
Son lo más lindo que hay en mi 'fono' ".

Ahora recibo tuits como "Me has salvado"
O "Necesito este recordatorio".
"Lo imprimí y lo tengo a mano,
En mi carpeta o en mi escritorio".

Después preguntaste: "Por favor, ¿harías un libro?".
Y yo respondí: "Dalo por hecho".
Entonces contacté a Kassandra Tidland,
Quien retuitea mis tuits por puro *fun*.

Y, hablando de tuits y gente *cool*,
Hay amigos que he conocido escribiendo,
Como el erudito Jonathan Sun,
Cuyos dibujos y palabras recomiendo.

Ambos nos sentamos para montar esto:
Este libro que tienes en tus manos.
Puedes abrirlo en cualquier página o momento
y quizás algo te ayude en lo cotidiano.

Es bueno tener algo que te ayude,
Algo amable que siempre cerca tendrás.
Para leer cuando quieras,
Buen día, buenas noches aquí estará.

¡BUEN DÍA, BUENAS NOCHES!

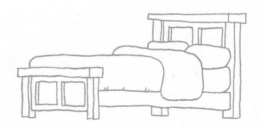

Buen día, dijo él.
Siéntete a gusto en tu piel.
Alimenta el corazón.
Que no te aplaste el temor.

Buenas noches, hoy fue un test.
Y pasaste, quedó atrás.
Es hora de descansar
Y respirar sin estrés.

Buenos días, despampanante.
Solo acabas de empezar.
Tu edad no es importante.
Salió el sol, ya amaneció.
Y tú acabas de empezar.

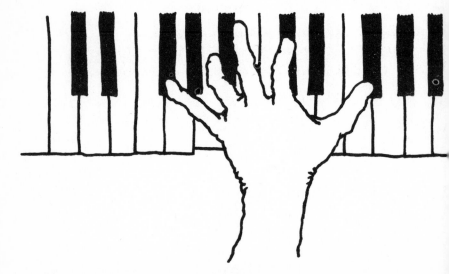

Buenas noches, despampanante.
Solo acabas de empezar.
Tu edad no es importante.
La noche es tibia y estrellada.
Y tú acabas de empezar.

Buenos días.
¡Vaya cosa!
Tu sonrisa
es contagiosa.

Buenas noches.
¡Vaya cosa!
Eres alguien
que hace historia.

Buenos días.
Comienza agradeciendo.
El aire que respiras, el cielo que te mira.
Es un buen comienzo.

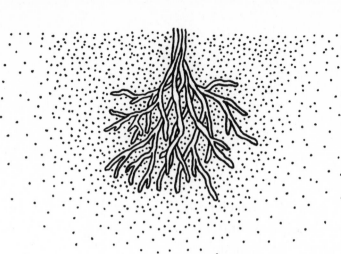

Buenas noches.
Ya en la cama, agradecido.
Por el suelo donde pisas, por tu corazón que late.
Adelante.

¡Buen día!
Vas a equivocarte,
A fracasar.
Vas a levantarte,
A desilusionar.
Vas a convencer,
A llamar la atención.
Vas a componer,
Vas a llegar tarde, *let´s GO!*

¡Buenas noches!
Vas a tropezar,
Te van a probar,
Te vas a conocer,
Vas a ser valiente,
Te comprometerás.
Vas a hacer olas,
Vas a hacer historia.
Vas a necesitar descanso,
A DESCANSAR.

¡Buenos días!
¡Buenos días!
¡Hoy nos volveremos a equivocar!
¡En el lío de nuestras vidas
encontremos lo que vale la pena salvar!

¡Buenas noches!
¡Buenas noches!
¡Cometamos nuevos errores!
Avancemos a tropezones
hacia el éxito y llevemos para el camino
algo de comer.

¡Buen día!
Antes de abrir la puerta al mundo
crea un espacio para ti.
Taza de café, mesa despejada,
paz de la mañana.
Saborea lo mejor de ese sueño,
un segundo más.
¡Uhhh! Okey. ¡Mundo: allá vamos!

¡Buenas noches!
Antes de despedir al mundo
crea un espacio para ti.
Dientes cepillados, mesa despejada,
móvil apagado.
Saborea lo mejor del día pasado
un segundo más.
¡Uhhh! Okey. ¡Sueños: allá vamos!

¡Buenos días!
Da tu tiempo, da tu alma, tu talento.
Dale a alguien algo nuevo.
Se siente genial.

¡Buenas noches!
Da tu tiempo, da tu alma, tu asistencia.
Dale a alguien algo que has hecho.
Se siente genial.

Buen día.
Revisa tus bolsillos.
¿Tienes las llaves?
espera
Okey, ¡vamos!

Buenas noches.
Revisa tu cerebro.
¿Tienes listos los sueños?
espera
Okey, ¡vamos!

Buen día.

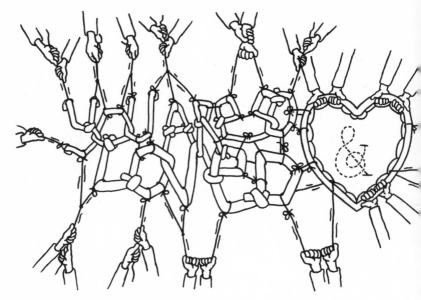

TE QUEREMOS MUCHO Y NOS GUSTA
ESTAR CONTIGO.
*conecta un extremo de esta frase a tu corazón
 y el otro extremo a todos los que te aman,
 incluso aquellos de los que no has sabido
 en mucho tiempo*
revisa si hay nudos
LISTO. NO TE MUEVAS.

Buenas noches.

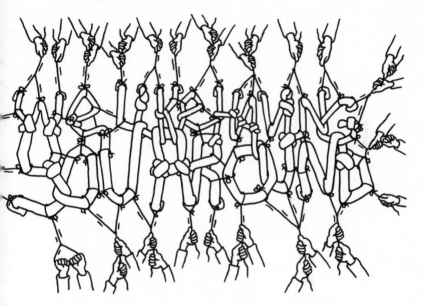

TE QUEREMOS MUCHO Y NOS GUSTA
ESTAR CONTIGO.
*conecta un extremo de esta frase a tu corazón y el
 otro extremo a todos los que te aman en esta vida,
 incluso si las nubes oscurecen tu vista*
revisa si hay nudos
LISTO. NO TE MUEVAS.
SI NECESITAS ALGO, DA UN TIRÓN.

Buenos días.

Mantente ocupado mientras esperas el milagro.

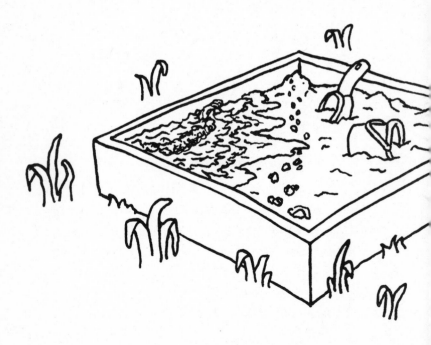

Buenas noches.
Descansa mientras esperas el milagro.

Buenos días, belleza.
Haz hoy a alguien feliz.
Te prometo que volverá a ti.

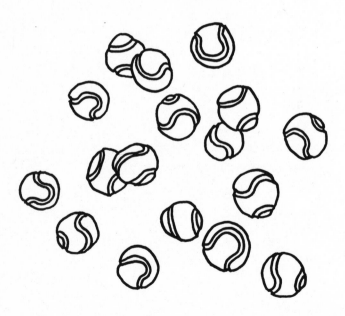

Buenas noches, belleza.
Haz lugar para la felicidad de mañana.
Si lo haces, aparecerá.

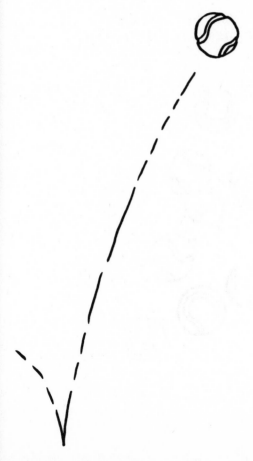

Buenos días, NY, U.S.A., mundo, sistema solar,
GALAXIA, UNIVERSO, MULTIVERSO, A TI QUE
LEES ESTO EN LA PALMA DE TUS MANOS.

Buenas noches, multiverso, universo, galaxia,
sistema solar, mundo, U.S.A, NY, A TI y a tus
células, moléculas, átomos, electrones, cuarks.

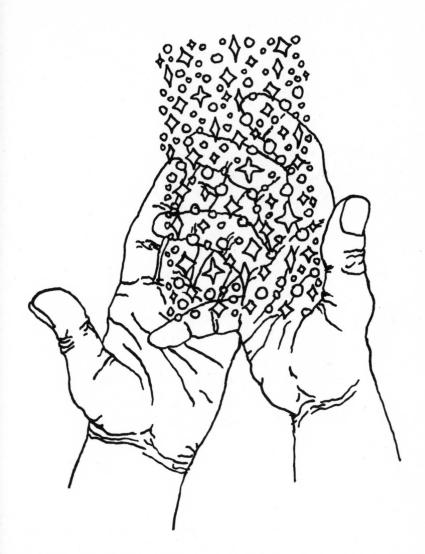

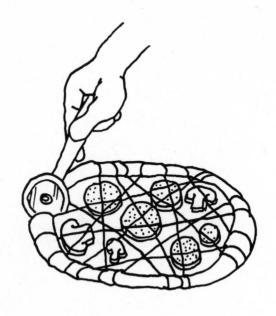

¡Buen día!
¿Te has despertado triste y con dolor?
No estás solo.
¿Te has despertado con alegría y determinación?
No estás solo.
Lo veas como lo veas, no estás solo.
Let's go.

¡Buenas noches!
¿Te vas a acostar triste y con dolor?
No estás solo.
¿Te va a acostar con gratitud y satisfacción?
No estás solo.
Lo veas como lo veas, no estás solo.
Let's zzzzzzzz.

¡Buenos días! ¡Enfrenta el día!
¡Si parece demasiado grande,
patéale las canillas para que tenga que mirarte!

Buenas noches. Vaya forma de
enfrentar el día. Ahora ve a la cama,
con la noche, y baja las persianas.

¡Buen día!

*silenciosamente confiado en tus múltiples dones,
  tanto los que conoces como los que no conoces*

Aquí, detrás de ti.

Todo tuyo.

¡Buenas noches!
*aquí maravillado con tus múltiples dones y de
  cuán luminosamente brillas cada día*
Sigue tu instinto.
Sueña en grande.

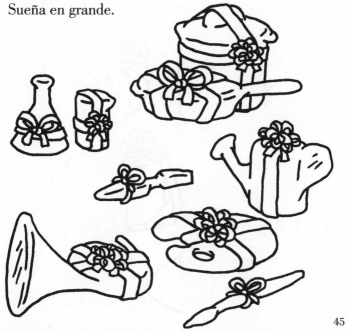

¡Buen día!
El momento que te conecta con tu verdadera pasión
puede estar al otro lado del desayuno.
O un pasito más allá.
¡Veamos!

¡Buenas noches!
El momento que te conecta con tu verdadera pasión
puede estar al otro lado de esta noche.
O un pasito más allá.
¡Veamos!

Buen día.
Relaja los hombros.
Vaya, no te habías dado cuenta de que estaban
tan tensos,
¿verdad?
¡Yo tampoco!
Okey, *let's go*.

Buenas noches.
Relaja esos hombros.
El día nos tensa a todos.
Uff. Descansa un poco.
Okey, que duermas bien.

Buenos días, magnífica porción de perfección.
Sí. Tú.

Buenas noches, generosa porción de perfección. TE ESTOY VIENDO.

¡Buenos días! ¡Calza
zapatos sensatos cuando
vayas derribando puertas!
¡Uy, perdón!

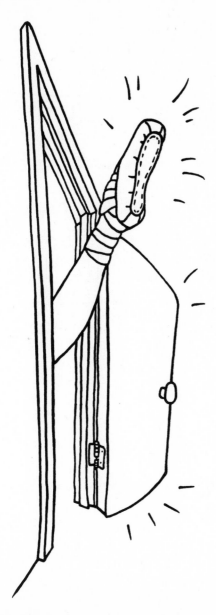

¡Buenas noches! Quítate
los zapatos sensatos y
ponte los de bailar,
te lo mereces.

Buenos días.

Hoy todo puede cambiar.

O algo mínimamente vital.

Lo que hoy seguro NO SERÁ, es un reestreno de ayer.

Vamos a ver.

Buenas noches.

Mañana todo puede cambiar.

O algo mínimamente vital.

Lo que seguro NO SERÁ, es un reestreno de hoy.

A descansar.

Buen día, amor.
Deja que tu mejor y más generoso
impulso te lleve.
Deja que te conduzca hacia la persona
que soñaste ser.

Buenas noches, amor.

Esa necesidad de reposo, ese impulso regenerador,
deja que tome el control.

Ojalá tengas los mejores y más locos sueños. *Let's go*.

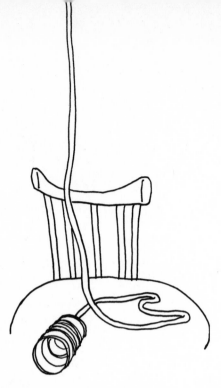

Llama a ese amigo que siempre estás por llamar,
aunque lo hayas dejado pasar.
Él también te echa de menos.
El orgullo es mal consejero.
¡Buen día!

Buenas noches.
¡Espero que hayas llamado a ese amigo hoy!

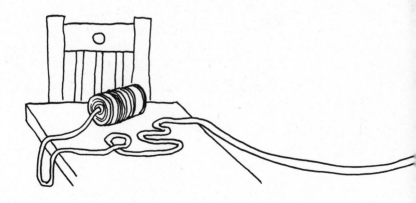

Buen día.
Respira profundo.
Ese sonido en tu aliento es una nota musical.
El pulsar en tu sien es un bajo de jazz,
Y el volumen está en tu pulgar.
Las cicatrices en tu mente y tu corazón
Son surcos profundos.
TU música. TU corazón. TU vida.
Y es tuyo el cable auxiliar.
Dale.

Buenas noches.
Es tuyo el cable auxiliar.
Tu mente es tuya.
Tuyo tu corazón.
Tú elijes la lista de reproducción.
Dale.

¡Buenos días!
Al nacer eras promesa infinita.
Has crecido, te ha golpeado la vida,
Pero la promesa no está perdida.

¡Buenas noches!
Al nacer eras promesa infinita.
Has crecido, te ha golpeado la vida,
Pero la promesa no está perdida.
VAMOS TODAVÍA.

¡BUEN DÍA!

Agradecido por la mera NOCIÓN de ti, y aún más agradecido porque seas real.

Mírate, eres un sueño hecho realidad.

¡Listo! ¡Vamos!

BUENAS NOCHES.

Agradecido porque seas REAL, y aún más
agradecido por la noción del mañana.
Descansa. Te necesitamos en tu mejor forma.

Buen día.
A veces quedarse en la cama
parece el mejor plan.
Te entiendo.
Pero vamos, veamos
qué hay más allá.

Ahí está tu cómoda cama,
justo donde la dejaste.
Te has ganado un
buen descanso.
Buenas noches.

Buenos días, muñequita rusa.
Llevas tantas versiones
de ti en tu interior.
Siéntate, relájate por un minuto.

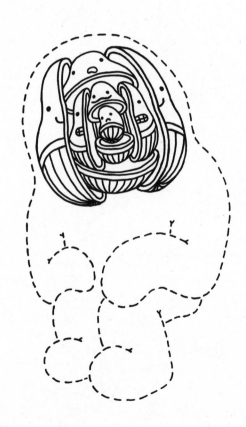

Buenas noches, muñequita rusa.
Reármalas y guárdalas.
Contienes muchas en tu interior.

Buenos días.
Respira.
Otra vez.
Repite.
Muévete a tu ritmo.
Así es.

Buenas noches.
Respira.
Otra vez.
Repite.
Sacúdete el día.
Que duermas bien.

¡Buenos días, amigos!
¡Tomen buenas
decisiones!
¡Sigan sus voces
interiores!

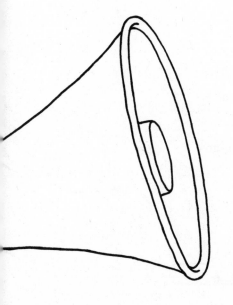

¡Buenas noches, amigos!
¡Tomen buenas
decisiones!
¡Vivan la vida y
alcen sus voces!

Buen día.
No sé cómo decírtelo,
pero
no eres perfecto.
Nunca lo serás.
Te la pasas creciendo, cometiendo
errores, aprendiendo,
y tus rarezas se convierten en fortalezas.
Eres TANTO mejor que perfecto, amor.

Buenas noches.
No sé cómo decírtelo,
pero
no eres perfecto.
Nunca lo serás.
Te la pasas creciendo, cometiendo errores,
aprendiendo,
y la mi**da de hoy,
una vez superada y tú recuperado,
se convierte en un punto de inflexión.
Que lo perfecto muerda el POLVO,
amor. Tú sigue avanzando.

Buen día.

Gatea antes de caminar, antes de correr, antes de volar, antes de ASCENDER A LA GRANDEZA.

Y come algo, quizás una banana.

Let's go.

Buenas noches.
Cepíllate los dientes antes de dormir, antes de soñar,
antes de volar, antes de CAMBIAR EL MUNDO.
¡Y mantente hidratado!

Buenos días.

Llevas tiempo con ese juego de "mundo abierto".

Hoy completa una misión.

Adquiere nuevos poderes.

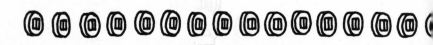

Buenas noches, chicos.
Pasamos de nivel.

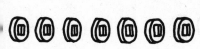

Hola, buen día.
Tiempo sin verte.
sonríe
LE GUSTAS A MI AMIGO.
sale corriendo

Hola, buenas noches.

Tiempo sin verte.

se aleja y grita sobre el hombro

EL AMIGO ERA YO, YO SOY EL AMIGO.

corre hasta perderse de vista

¡Buen día!
Hoy te deseo claridad.
Claridad de pensamiento, claridad de expresión
y una línea directa entre lo que sientes
y lo que haces al respecto.

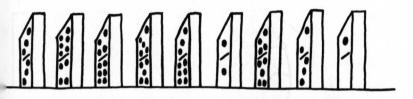

¡Buenas noches!
Esta noche te deseo claridad.
Claridad de *self*, claridad de propósito
y una línea directa entre quien quieres ser
y cómo llegar a serlo.

Puede que las cosas nunca
vuelvan a ser igual.
Eso puede ser buena o mala noticia
para ti, pero no deja de ser así.
Buen día.

Todo cambia todo el tiempo.
Más vale aceptarlo.
Buenas noches.

¡Buenos días!
Persigue lo que quieres.
Deja las excusas a un lado.
¿No te sientes más liviano?

Buenas noches.

Estamos más cerca de donde comenzamos.

Solo hay camino abierto por delante.

Let's go!

¡Buen día!
Escribe un chin, solo para ti.
Dale a ese torbellino en tu cabeza un sitio
donde aterrizar.
¡Mira cómo gira todo allí!

Escribe algunos pensamientos con tu propia mano.
Captura lo que puedas y pásalo al papel.
¡Mira! ¿Cuánto hace que lo tenías dentro?
¡Buenas noches!

Ponle sal a tu andar
y pimienta a tus pies.
Eres grande, mi amiga,
Y eres tú quien te guía.
¡Buen día!

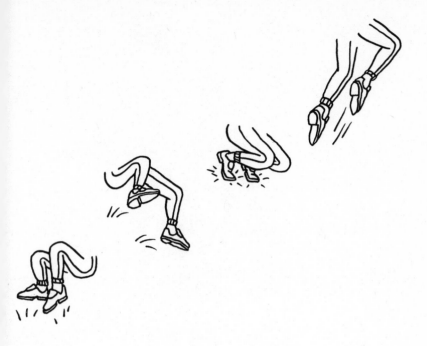

Deslumbrarás con tu andar,
Lo verás al pasar.
Eres grande, mi amigo.
Sé tú mismo, a volar.
¡Buenas noches!

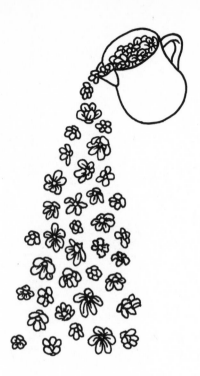

Buen día.

Hay cosas en tu mente que nadie más tiene.

Y hay cosas en tu mente que crees que solo tú tienes,
pero que en verdad compartes con muchos,
CRÉEME.

La única forma de comprobarlo es expresarlo.

En un papel, en un micrófono, en una tela,
en un diván.

Let's go!

Buenas noches.

Descansa tus dones,

descansa tus pesares,

descansa tus secretos,

descansa tus sueños,

descansa tus amores no correspondidos,

y los amores que te sostienen.

Mañana puedes volver a cosecharlos.

En un papel, en un micrófono, en una tela,

en un diván.

Por ahora, a descansar.

Eres tan hermosa que no puedo
mirarte directamente.
Eres un eclipse.
Buenos días.

Se ha ido el sol, pero tú aún estás,
brillante y gloriosa.
Buenas noches.

QUE TENGAS UN BUEN DÍA
SIN PRESIÓN

QUE TENGAS BUENAS NOCHES
TODOS CUENTAN CONTIGO
FELICES SUEÑOS

Buenos días.

Estoy cansado. Seguro que tú también.

Pero estamos despiertos y vivos y eso es suficiente.

Vamos. Vamos.

Buenas noches.

Estoy cansado. Seguro que tú también.

Pero estamos despiertos y vivos y eso es suficiente.

Vamos. Vamos.

Buen día.

La inercia es tremenda droga.

Si has estado a mil, sé objeto en reposo.

Si estás en reposo, ponte en movimiento.

No dependas de fuerzas externas.

Dale un codazo a la inercia, *let's GO*.

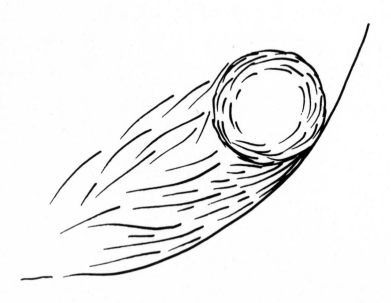

Buenas noches.
La inercia es tremenda droga.
Si has estado a mil,
sé objeto en reposo.
Si estás en reposo,
ponte en movimiento.
TÚ decides tu momento, amor.

¡Buen día!
Tu mente es solo tuya.
Haz lo que debas para sentirte a gusto.
Construye una biblioteca, pon algo de música.
Hazla tu hogar.

¡Buenas noches!
Tu mente es solo tuya.
Haz lo que debas para sentirte a gusto.
Baja las persianas, despide a los invitados.
Hazla tu hogar.

¡Buenos días!
*inicia un saludo complicado
   que deja a ambos lastimados*
¡Ay! ¡Valió la pena!
¡A la carga!

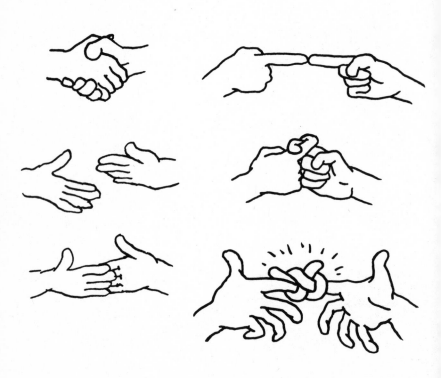

¡Buenas noches!
*inicia un saludo complicado
  que deja a ambos lastimados*
¡Uy! ¡Ponle hielo!
¡A descansar!

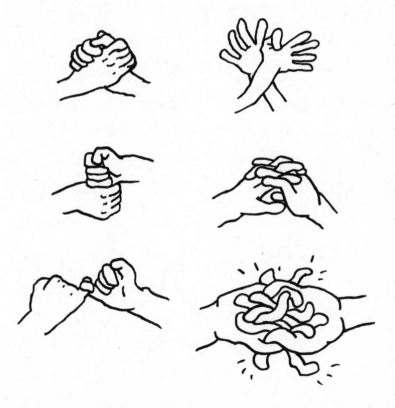

Buen día.
Estoy de tu lado,
aunque sea en un círculo.
De tu mismo lado,
aunque el subibaja quede atascado.

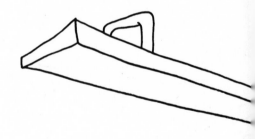

Buenas noches.
Tomo tu mano,
aún pegajosa de miel o helado.
De tu lado,
aun cuando juegas al solitario.

El mundo cambia.
El suelo tiembla.
Aún hacemos planes.
Aún hallamos dones.
Buen día.

El mundo cambia.
La tierra gira.
Lloramos las derrotas.
Agrandamos las victorias.
Buenas noches.

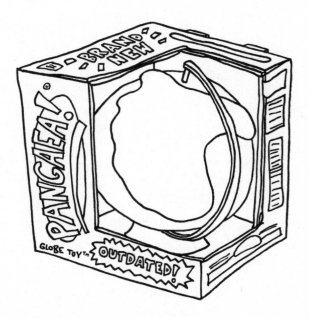

Buenos días.
Pon hoy música a otras vidas.
Dedica al mundo una sinfonía,
y veamos qué te envía.

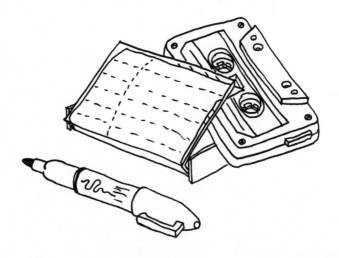

Buenas noches.
Esta noche ponle música a tu vida.
Mezcla canciones en una grabación
y veamos qué pasa en tu corazón.

se para en la mesa de ruleta

¡Buen día!

empuja todas las fichas en tu dirección

Estoy apostando por TI.

Crupier: Señor, esto no funciona así...

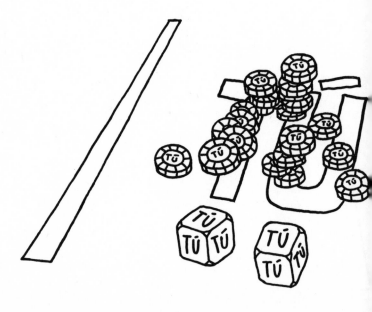

se para en la mesa de dados

¡Buenas noches!

arroja los dados

Estoy tirando los dados por TI.

comienza a cantar "Luck Be a Lady"

Crupier: Señor, ¿usted va a jugar o...?

Buenos días.
A tu ritmo hoy.
De nadie más.
No te pueden apurar, no te pueden demorar.

Buenas noches.
A tu ritmo en la vida.
De nadie más.
No te pueden apurar, no te pueden demorar.

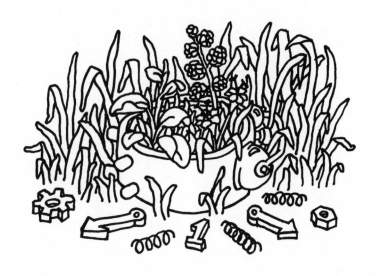

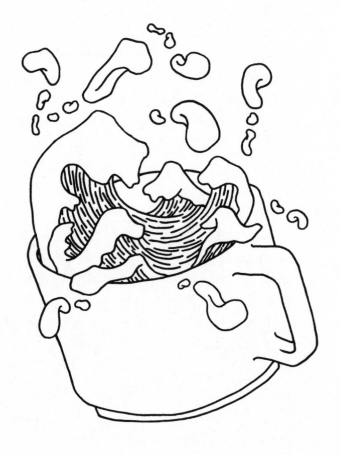

Buenos días.
Desperté agradecido por el aire en mis pulmones,
el sueño en mis ojos,
el dolor en mis huesos,
la oportunidad de decir
hola de nuevo.

Buenas noches.
Me acuesto agradecido por el aire en mis pulmones,
el sueño en mis ojos,
el dolor en mis huesos,
la oportunidad de verte mañana de nuevo.

Buen día.

Desata solo UNO de los nudos de tu estómago.

Tacha UNA cosa de tu lista.

Llama a UNO de tus seres queridos
y sorpréndele con un mimo.

Guau. Mira todo el LUGAR QUE HAS HECHO
PARA COSAS NUEVAS, CHICO.

Buenas noches.
Aún quedan nudos en tu estómago.
En el mío también.
Un buen descanso no los soltará del todo,
pero los irá aflojando, suavizando.
Cierra los ojos y HAZ LUGAR PARA ALGO
NUEVO, CHICO.

Buenos días.
Eres alucinante.
Usa tu poder sabiamente.

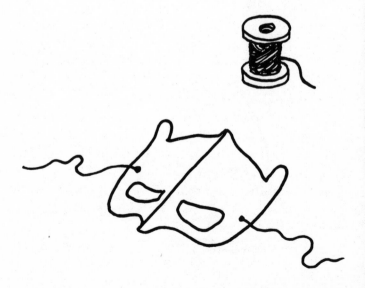

Buenas noches.
Eres alucinante.
Que tus penas no te aplasten.

Buenos días.

Has tenido demasiadas *apps* abiertas, demasiado tiempo.

Cierra los ojos.

Chequea el sistema.

Reinicio suave.

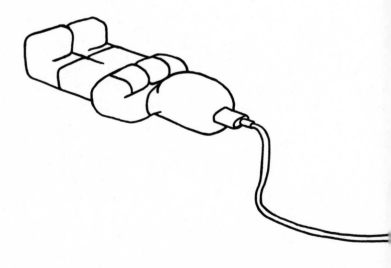

Buenas noches.
No esperes al "low power mode".
Cierra los ojos.
Cierra las *apps* innecesarias.
A recargar.

¡Buenos días!
¡Levántate y brilla!
o
¡Levántate malhumorado!
o
¡Levántate y llora!
o
¡Levántate y ruge!
pero

LEVÁNTATE.

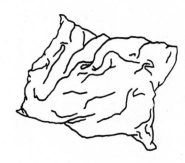

¡Buenas noches!
¡Descansa y relájate!
o
¡Descansa y disfruta!
o
¡Descansa y rejuvenece!
o
¡Descansa y redobla tus esfuerzos!
pero

DESCANSA.

Buenos días.
Sigue avanzando.
Moverán el arco.
Patearán el tablero cuando vayas ganando.
La vida SERÁ injusta.
TÚ, sigue avanzando.

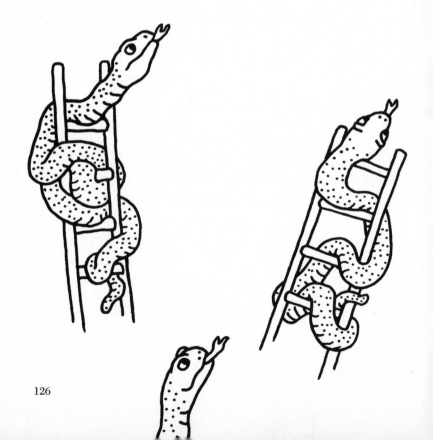

Buenas noches.

Sigue avanzando.

Cambiarán las reglas.

Habrá serpientes acechando tras las escaleras.

La vida no es justa.

TÚ, sigue avanzando.

Buenos días.
Creo en ti.
No siempre en nuestros
líderes, no siempre en
los horarios del tren,
pero siempre en ti.
Tú, inquebrantable.

Buenas noches.
Creo en ti.
No siempre en nuestras
instituciones, no siempre en
mis propias fortalezas,
pero siempre en ti.
Tú, perenne.

¡Buenos días!
Tienes suerte de haber despertado hoy,
así que vamos.
Las medias antes de los zapatos, vamos.

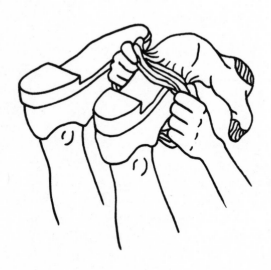

¡Buenas noches!
Tienes suerte de haber terminado el día,
así que tranquilo.
Cepíllate los dientes y a dormir, *let's go*.

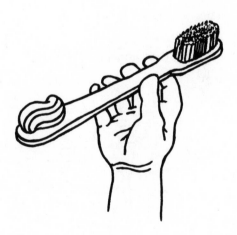

¡Buen día!
Da miedo el primer baile en la escuela
pero la música es buena,
y aquí están tus amigos.
Así que, a la mi**da, vamos a BAILAR.

¡Buenas noches!
Da miedo el primer baile en la escuela,
está muy oscuro, pero la música truena
y nunca más tendremos esta edad. A BAILAR.

Buen día. Venga. Abrazo general. Okey.
Procedan.

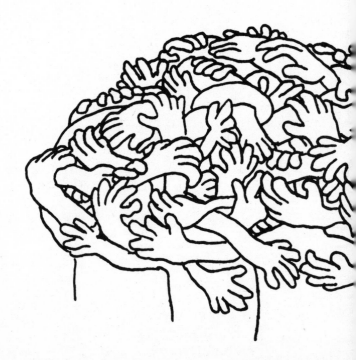

Buenas noches, amigos. Un abrazo más. Así.
A dormir.

Buenos días.
Tienes una buena cabeza
sobre los hombros.
¿Y qué hay de tus hombros?
Son del ca**jo.
Hoy VAS a por todo.

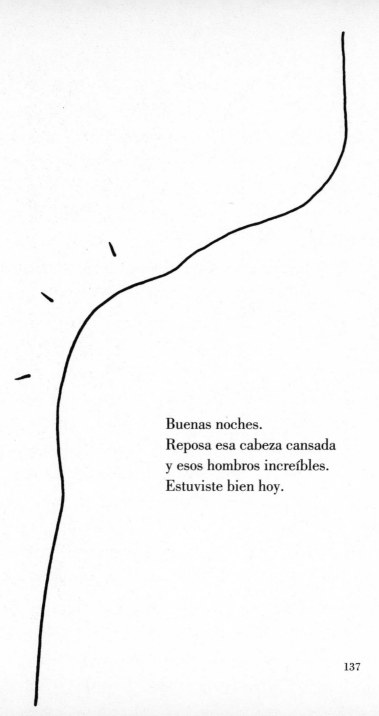

Buenas noches.
Reposa esa cabeza cansada
y esos hombros increíbles.
Estuviste bien hoy.

Buenos días.
Dudoso,
pero aquí estoy.

Buenas noches.
Lleno de dudas,
pero a voz en grito.

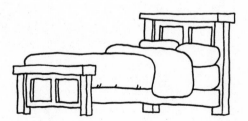

Buen día.

Tus peores miedos solo necesitan una gota de atención y algo de sol para crecer y demoler todos tus problemas.

Despeja la maleza.

Haz tiempo para cultivar tus fuerzas y tus alegrías.

Agua y sol para lo mejor en tu vida.

Buenas noches.

Crecen dudas cuando se ciernen las sombras,
y con tus pensamientos te quedas a solas.
En los rincones oscuros siembra música, arte,
fotos de tu gente querida.
Cosecha los frutos de tus ensueños y reposa.
Agua y sol para lo mejor en tu vida.

Buenos días.
Tu mera presencia es embriagadora.

Buenas noches.
Tu mera ausencia me alecciona.

Buenos días.

Patada lateral a tus miedos.

Patada frontal a tu distracción.

¡Bum! Subiste un cinturón.

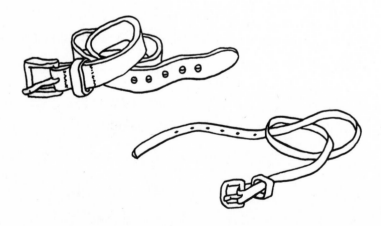

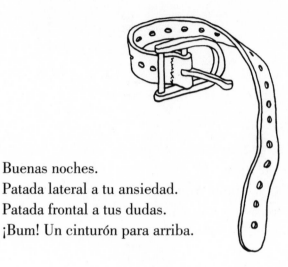

Buenas noches.
Patada lateral a tu ansiedad.
Patada frontal a tus dudas.
¡Bum! Un cinturón para arriba.

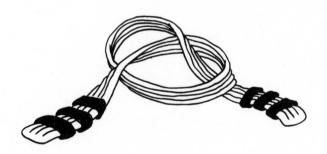

Buen día.
¡Mírate!
El milagro de ti,
la emoción de transformarte
en quien vas a ser.
escupe, te limpia la mejilla
Solo una manchita, ya está.
Okey, belleza, VAMOS, ¡no saben lo que les espera!

Buenas noches.
¡Mírate!
El milagro de ti,
la emoción de transformarte
en quien vas a ser.
revuelve tu cabello
Okey, belleza, DESCANSA, guarda algo de esa
perfección para mañana.

¡Buen día!
No hay receta exacta para hoy.
Junta todos los ingredientes disponibles
y hazte algo delicioso.

Buenas noches.
¡Hiciste un gran día con los ingredientes disponibles!
Deléitate con las sobras, rememora. Disfruta donde
has estado.

¡Buen día!
Usa tu cabeza,
usa el corazón,
usa tu valor.
Y choca esos tacones si te vas a retirar.

¡Buenas noches!
choca tres veces los tacones

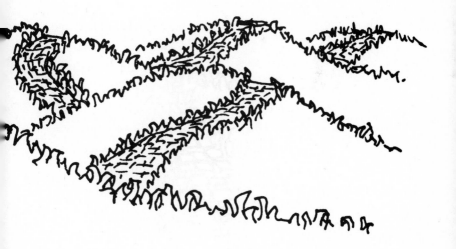

¡Buen día!
Esta sensación pasará.
Este trabajo pasará.
Esta gente pasará.
Pero mírate, tienes el don de la memoria.
Puedes viajar en el tiempo hacia las cosas buenas
con tan solo cerrar los ojos y respirar.
Luego retorna al presente, la mirada al frente
para lo bueno que vendrá.
Esa es tu magia.

Buenas noches.
Este momento pasará.
Este cansancio pasará.
Esta noche pasará.
Pero mírate, tienes el don
de la imaginación.
Puedes teleportarte a donde seas más feliz
con solo cerrar los ojos y respirar.
Luego retorna al hoy, registra el presente.
Esa es tu magia.

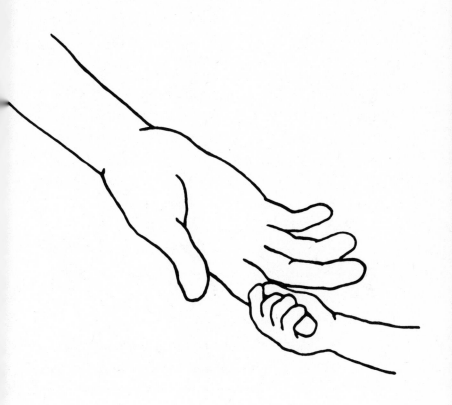

Buen día de parte de tu versión de ayer,
que no ve la hora de tener tu edad de hoy.

Buenas noches de parte de tu versión de mañana,
que recuerda el momento exacto en que estás ahora
y sonríe de oreja a oreja, porque no tienes ni idea
de las maravillas que te esperan.

Eres indescriptible.
Los escritores nos pasamos la vida
tratando de hacerte justicia.
Pero siempre eres más
de lo que podemos capturar.
Buenos días.

Eres indescriptible.
Los escritores nos pasamos la
vida tratando de conjurarte
desde cualquier ángulo.
Nos acercamos lo suficiente
para seguir intentándolo.
Buenas noches.

Buen día.
Ojos abiertos.
Corazones abiertos.
Mentes enfocadas.
Compasión a todo dar.
sorbo de café
Okey, vamos.

Buenas noches.
Ojos cerrados.
Corazones abiertos.
Mentes calmadas.
Empatía a todo dar.
sorbo de té
Okey, vamos.

Buen día.
A veces hay camiones de basura
bloqueando cada camino.
Hacen su trabajo y tú también.
Paz a los camiones y a la gente que
simplemente hace su trabajo.
Paz para el mundo que, a veces,
nos pone objetivos contrapuestos,
y paz para ti, en camino,
tardes lo que tardes.

Buenas noches.

A veces hay tráfico en cada carril,
una galaxia de gente yendo en la misma dirección.
Paz a los niños que duermen en el asiento de atrás.
Paz al milagro de los carriles que convergen, donde
avanzando lentamente aprendemos a ceder el paso,
y paz y paciencia para ti, en tu regreso a casa.

Despierta formas antiguas y juega en ellas.
Tamiza oro en las ruinas de tu sueño.
Renueva tus pasiones, pínchalas en Pinterest.
Dile a ese amigo tóxico: "Ey, pierde mi número".
El día está despejado, un año nuevo va naciendo,
y también tú, perpetuamente.
Buen día.

Encuentra palabras para las alegrías y terrores del día.
¡Buenas noches!
Haz trabajos que nos revelen tus sentimientos.
Manda a la cama tus dudas, tu vergüenza,
tus desaciertos.
Fúgate con tus musas, rompe límites y techos.
El año es fresco; limpia a fondo el moho de la inercia.
Agradezco todo lo que haces y todo lo que harás.

RRAAAAAAAAAAHHHHH

Buen día. Ay, casi intento
el buen día sin ducha y sin café.
CUÍDATE antes de saltar al mundo.
¡CUÍDATE! ¡Te quiero!

IHHYUAARRRGGGHHH

HHRRRRRRRRAHHHHH

H GAAAAAHHHHHHH

¡Buenas noches!
Casi me voy a la cama
leyendo las noticias.
Date un minuto antes de dormir.
¡Aclara tu mente! ¡Te quiero!

Buenos días.

No esperes a que te preparen lo que te gusta.

Prepara tú mismo lo que más te gusta.

Ve.

Buenas noches.
No dejes que nadie limite tus sueños.
Tus sueños son tuyos
y solo tuyos.
Ve.

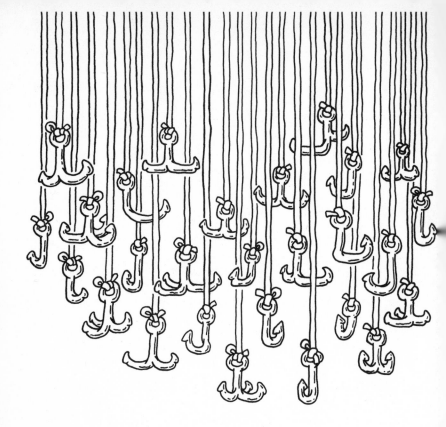

Buenos días.
Hoy NO te atasques en la sección
de "comentarios" de la vida.
Haz cosas, ponte a crear.
Deja que otros se pongan a pelear.
Let's go!

Buenas noches.

Que los ciberseñuelos no te aparten de tu senda.

Desconecta, explora, sueña lugares nuevos.

El mundo no deja de girar.

¡A dormir!

Buen día, tú.

Sí, tú.

TÚ QUE ESTÁS AHÍ, VIÉNDOTE TODO
LO BIEN QUE TE QUIERAS VER.

Guau, hoy los vas a deslumbrar. *Go!*

Buenas noches, tú.

Sí, tú.

TÚ QUE ESTÁS AHÍ, LUCIENDO RADIANTE
COMO NUNCA.

Mírate.

Dejas a tu paso una estela de gente soñando contigo.

Buen día.
Abre los puños.
Relaja los hombros.
Da un paso atrás.
Luego retorna
con la mente clara
y redobla tus esfuerzos.
Yo creo en ti.

Buenas noches.
Abre los puños.
Relaja los hombros.
Da un paso atrás.
Retorna mañana
con la mente clara
y redobla tus esfuerzos.
Yo creo en ti.

Buenos días.
Aunque parezca que todos se han ido
a la fiesta dejándote atrás,
y tus hermanastras *suck,*
los seres del bosque no te van a defraudar.

Buenas noches.
Aunque parezca que todos están
todavía en el Baile Real,
volver a casa a las doce no está tan mal.
Arroja tus zapatos de cristal.

Buenos días.
Si toca escoger equipo
yo te elijo a ti.
Gracias por tu compañía.

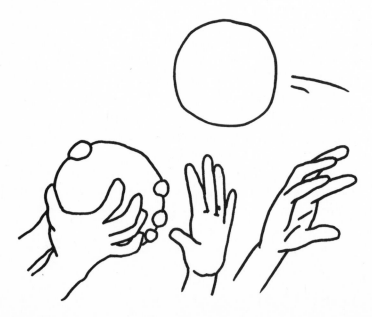

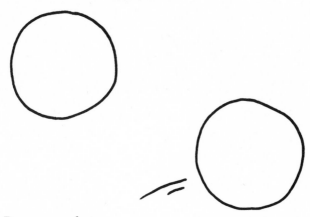

Buenas noches.
Buen equipo, buen partido.
¡Eres ESENCIAL!

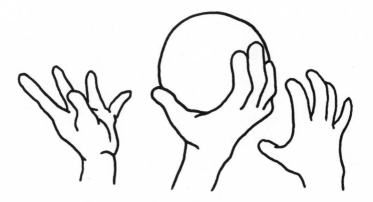

¡Buenos días, gente de todo tipo, tamaño y color!
UN MOMENTO: tú, con las rayas, ven acá.
¡Qué genial!

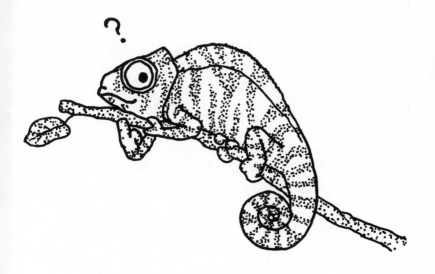

¡Buenas noches, gente de todo tipo, tamaño y color!
Y todos aquellos que cambian de tono bajo el sol.

Buen día.
Considera la posibilidad
de que lo mejor de ti está
todavía en tu interior,
aguardando salir.
Prepara el camino,
poco a poco.

Buenas noches.
Considera la posibilidad de
que lo mejor
aún está por delante,
esperando revelarse.
Prepara el camino,
poco a poco.

¡Buenos días!
¡Eres la vainilla de las rodillas!
¡La más tierna de la piernas!
¡Maravilla de pantorrilla!
¡Los tobillos de Bethenny Frankel!
¡Inventa nuevas rimas!
¡Vamos!

¡Buenas noches!
¡Eres la crema en mi café!
¡El azúcar en mi *bowl*!
¡La aceituna en mi coctel!
¡La cereza del postre!
Dulces sueños, *let's go*!

Buenos días.

A menudo no alcanzan las palabras, pero cuando
conseguimos unirlas de la forma correcta
son capaces de quitarnos montañas de encima.
Sigue trabajando con ellas.

Buenas noches.

Mañana, lápiz y papel para mover montañas.

Descansa.

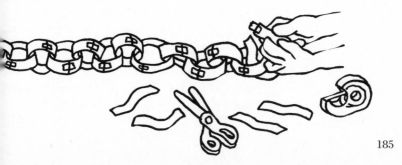

Buenos días.

Puedes dejar que tu mente patine.

¡Guau, qué patinada, chico!

Buenas noches.
Qué bueno que somos compatibles patinando.

Buen día.
Eres despampanante y el mundo
tiene suerte de contar contigo.
Tenemos SUERTE DE
CONTAR CONTIGO.
Adelante.

Buenas noches.
Eres despampanante y el mundo
tiene suerte de contar contigo.
Tenemos SUERTE DE
CONTAR CONTIGO.
A descansar.

Buenos días.

Hoy da un poco más de lo que crees que puedes dar.

Te prometo que, de alguna manera, regresará.

Eso es todo lo que tengo para ti.

Buenas noches.
Nuevas ideas te esperan al
otro lado del sueño.
No tengas miedo de ir a su encuentro.
¿Sí? Sí.

Buen día.

El tren puede ir lento

o embotellarse el tránsito.

Aún así, estás en camino.

No te define la velocidad del entorno.

Tu mente se acelera.

Estás en camino, ca**jo.

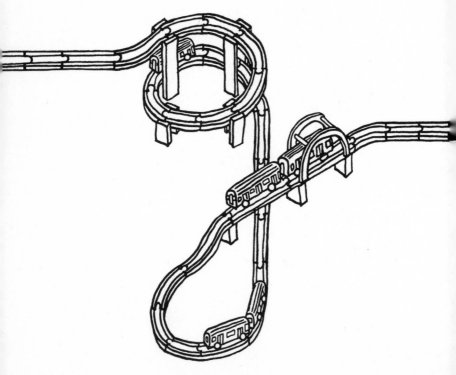

Buenas noches.
Los días pueden ser lentos,
puedes sufrir reveses.
Aún así, estás en camino.
No te define la velocidad del entorno.
Es tuyo el latido de tu corazón.
Estás en camino, ca**jo.

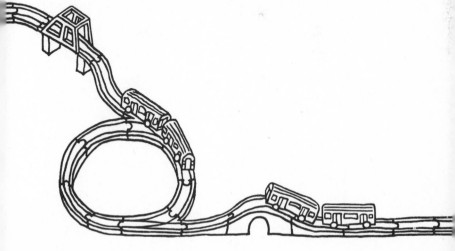

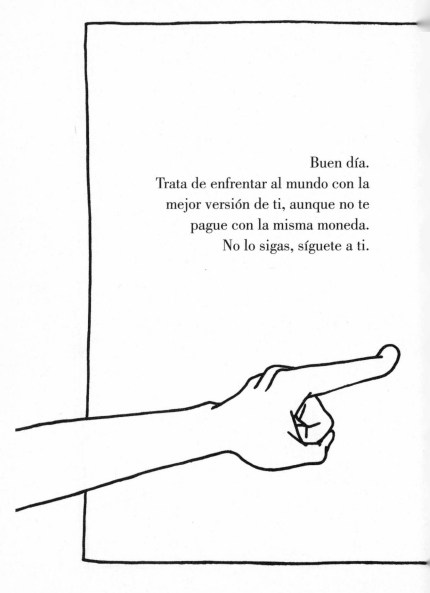

Buen día.
Trata de enfrentar al mundo con la
mejor versión de ti, aunque no te
pague con la misma moneda.
No lo sigas, síguete a ti.

Buenas noches.
Mañana lo volvemos a intentar.
A descansar.

Buenos días.
Valor.
Aun cuando el pánico te anude la garganta,
valor.
Let's go.

Buenas noches.

Valor.

Aun cuando el miedo aceche al pie de la cama, valor.

Let's go.

Buen día.
Hoy ajusta el termostato de tu corazón
A la temperatura que te gusta.
Tú te conoces, sabes lo que necesitas.
Tómate tu tiempo.

Buenas noches.

Ajusta el termostato de tu corazón esta noche

A la temperatura que te gusta.

Tú te conoces, sabes lo que necesitas.

Tómate tu tiempo.

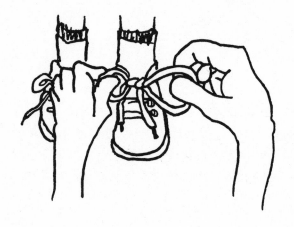

Buen día.
Cuídense.
Cuídate.
Repitan.

Buenas noches.
Cuídense.
Cuídate.
Repitan.

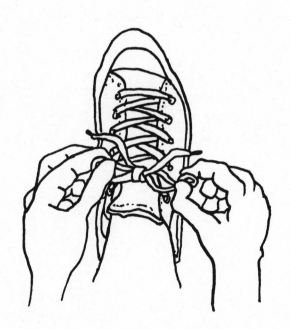

Buen día.
¡Mírate!
¡Vaya, qué bien estás!
Pssh. ¡No están listos para ti!

Buenas noches.
¡Guau, mírate!
Te dije que no estaban listos.
Descansa toda esa grandeza.

Buenos días.
Tendrás que decir no a ciertas
cosas para poder decir sí
a tu trabajo.
Valdrá la pena.

Buenas noches.
No te olvides de levantar la vista de tu trabajo
para dejar entrar la vida real.
Eso mejora tu trabajo.

Buen día.
Sal un instante de tu propia cabeza.
Haz algo bueno por alguien ajeno.
Lo apreciará
(y también tu cabeza).

Buenas noches.
Regresa un instante a tu propia cabeza.
Evalúa lo que tienes y lo que te falta.
Lo apreciarás
(y también tu cabeza).

Buenos días.
Te han dado el papel ideal en tu vida.
No podría imaginar a
nadie más en ese rol.
Empieza la función.

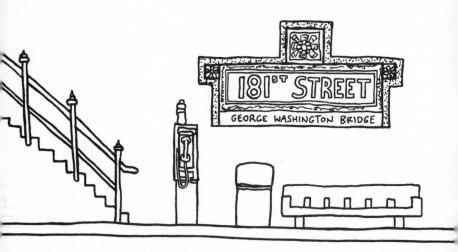

Buenas noches.
Te han dado el papel ideal en tu vida.
¡Y casi sin tiempo de ensayar!
¡Es un placer verte actuar!
Gracias.

Buen día.
Dolor, alegría, frustración, euforia, todo.
Todo pasa. Todo sigue su curso.
Allí donde estás es temporal.
¡A caminar!

Buenas noches.
Furia, felicidad, cansancio, éxtasis, todo.
Todo pasa. Todo sigue su curso.
Allí donde estás es fugaz.
Andiamo.

Buen día.
Cansado, pero agradecido.
Enfermo, pero agradecido.
Está gris afuera,
pero estoy agradecido.
Tanto más fácil comenzar agradecido.

Buenas noches.
Cansado, pero agradecido.
Enfermo, pero agradecido.
Está oscuro afuera,
pero estoy agradecido.
Tanto más fácil terminar agradecido.

agradecimientos

Lin-Manuel y Jonny quieren que sepas que este libro existe gracias a todas las personas con quienes conversamos a diario por Twitter (o por Twitterico, como le decimos nosotros), así como a Kassandra Tidland, a Ben Greenberg, a John Buzzetti y a Andy McNicol de WME, a Daniel Greenberg y a Tim Wojcik de LGR Literary, al diseñador Simon Sullivan, a Sarah Kay y sus mensajes de texto en el grupo, a *Mi vecino Totoro* y al personaje del padre en dicha película, a Vanessa Nadal, a Elissa Caccavella, a Sebastian, Francisco y Tobillo Miranda, a Christopher Sun, a los Sun y los Caccavella, y al sol, por darnos los buenos días y las buenas noches.

sobre los autores

Lin-Manuel Miranda es un galardonado compositor, letrista y actor. En 2015 fue premiado con la Beca de la Fundación MacArthur. Su musical *Hamilton* ganó el Premio Pulitzer de Drama 2016, fue nominado a dieciséis premios Tony y ganó once de ellos. Su primer musical de Broadway, *In the Heights*, recibió cuatro premios Tony en 2008. Miranda colaboró en la película de Disney *Moana*, para la que escribió la música y la letra, e hizo las voces de varias canciones, lo que le valió una nominación al Oscar y un Premio Grammy por la canción original "How Far I'll Go". Junto a Emily Blunt, protagonizó la película *Mary Poppins Returns*, de Disney. Miranda vive en Nueva York con su esposa, sus hijos y su perro.

linmanuel.com
@lin_manuel
Puedes encontrar a Lin-Manuel Miranda en Facebook.

Jonny Sun es el autor e ilustrador de *Everyone's a aliebn when ur a aliebn too.* Según la revista *Time*, Sun fue una de las 25 personas más influyentes en el Internet en el año 2017. Actualmente cursa un doctorado en MIT, está afiliado al Berkman Klein Center for Internet and Society de la Universidad de Harvard, y es un investigador creativo en el Harvard metaLAB. Su arte e ilustraciones han sido expuestos en MIT, en la Yale School of Architecture, y en Artspace New Haven. Su trabajo humorístico ha aparecido en NPR y en *Time*, *BuzzFeed*, *GQ* y *McSweeney's*. También ha sido reseñado en *The New York Times Magazine*.

jonnysun.com
@jonnysun